Neue Unternehmensstrategien für die Druckerei Ritter

Edina Sejdic

Bibliografische Information der Deutschen Nationalbibliothek:

Die Deutsche Nationalbibliothek verzeichnet diese Publikation in der Deutschen Nationalbibliografie; detaillierte bibliografische Daten sind im Internet über http://dnb.d-nb.de abrufbar.

ISBN: 9783346702388
Dieses Buch ist auch als E-Book erhältlich.

Druck und Bindung: Books on Demand GmbH, Norderstedt Germany
Gedruckt auf säurefreiem Papier aus verantwortungsvollen Quellen

Das vorliegende Werk wurde sorgfältig erarbeitet. Dennoch übernehmen Autoren und Verlag für die Richtigkeit von Angaben, Hinweisen, Links und Ratschlägen sowie eventuelle Druckfehler keine Haftung.

Das Buch bei GRIN: https://www.grin.com/document/1264747

Fallstudie: „Neue Wege für die Druckerei Ritter"

Studiengang: MBA Digital Marketing und Data Management

LV / Modul: Strategisches Management / M2 Managementkompetenzen

Name: Edina Sejdic

Datum: 22.06.2022

Inhaltsverzeichnis

Abbildungsverzeichnis

Tabellenverzeichnis

1 Einleitung

Diese Strategieentwicklung ist die erste die ich erstellt habe und ich hoffe, dass sie den Bewertungskriterien entspricht. Sie wurde mit besten Wissen und Gewissen ge- schrieben. Ich freue mich sehr auf das Feedback!

1.1 Aufgabenstellung

In der Fallstudie „Neue Wege für die Druckerei Ritter" wird die Situation eines kleinen, innovativen Unternehmens vorgestellt. Basierend auf dieser Ausgangssituation entwi- ckeln Sie bitte eine Unternehmensstrategie mit einem Zeithorizont von 2 – 4 Jahren.

1.2 Zielsetzung, Nutzen

Mein persönliches Ziel an dieser Hausübung war es, das erlernte Wissen über Unter- nehmensstrategien und den dazugehörigen Analysen und ähnliches, an diesem Bei- spiel möglichst praxisnah anzuwenden. So verankert sich mit learning by doing das Wissen tief in meinem Gedächtnis.

2 Warum braucht man eine Unternehmensstrategie?

Eine Unternehmensstrategie ist für große aber auch kleine Unternehmen sehr wichtig. Sie definiert diverse Unternehmensziele die unter Berücksichtigung der Vision und Mission erreicht werden sollen. Im Vordergrund steht dabei der wirtschaftliche Erfolg. Die Strategie beinhaltet Einzelziele, die in Form von Meilensteinen und Zeiträumen festgelegt werden. Nicht nur für das Unternehmen ist dieser Plan wichtig, auch für die Mitarbeiter, die Managementebene oder auch des Inhabers.

Diese sind aber nicht nur für Firmen die neu am Markt sind relevant, sondern vor allem auch für bestehende Unternehmen, welche in einer absehbaren Zeitspanne ihre Strategien ändern, verbessern oder den diversen Umständen adaptieren müssen. Kurz gesagt, man könnte sie Leitbild nennen. (vgl. Wingral 2016)

3 Firmenvorstellung & Problemstellung

Die Druckerei Ritter, welche ihren Firmensitz in der Wiener Umgebung hat, existiert bereits seit über 20 Jahren. Schnell wurde die Firma durch den Aufkauf verschiedener kleiner Unternehmen in der Umgebung sehr groß. Die Hauptkunden sind weitgehend aus der Stadt, andere aus Wien und der Umgebung. Das beste Geschäftsjahr ist bereits vor zehn Jahren gewesen. Seitdem wird es stetig schwieriger das Unternehmen aufrecht zu erhalten.

Die Problematik wurde unter anderem durch die Finanzkrise seiner Zeit ausgelöst aber auch durch neue Mitbewerber. Ausländische Firmen bieten den Druck viel preiswerter an, da sie selber einen anderen Lebensstandard haben und damit deren Löhne und Gehälter stark drücken können.

Das größte aller Probleme ist die Substitution der Druckleistungen durch das Internet. Viele Firmen vor allem junge Unternehmen erzielen einen höheren Erfolg, wenn sie die Vermarktung ihrer Produkte auf Online Kanäle umstellen. Zeitungen werden kaum gelesen und sind auch nicht mehr die Informationsquelle die der moderne Mensch präferiert. Selbst wenn die Zeitung eine Informationsquelle ergibt, wird mit hoher Wahrscheinlichkeit diese als Online-Paper gelesen. (Andresen, 2007, S. 3f)

Laut einer Statistik der europäischen Papierhersteller wird ein stetiger Rückgang des Bedarfs an physischem Papier erwartet. 2030 werden voraussichtlich nur 41% des Bedarfs von 2015 notwendig sein.

Die Druckerei Reiter beschäftigt sich seit über zehn Jahren mit 3D-Druckern. Objektiv gesehen, wird sich dieser Sektor eher profilieren als die sture Ansicht der reinen Druckarbeit. Viele verschiedene Geschäftsfelder wurden hier bereits angeknackt und probiert.

4 Strategieentwicklung

Die Strategieentwicklung ist eine der wichtigsten Aufgaben des Managements in einem Unternehmen. Man kann sagen, dass es ein Prozess ist, bis man diese entwickelt und am Unternehmen anwendet. (vgl. Grolman, Grassmann, 2021) Das wichtigste ist das Factfinding durch die Analysen. Mit diesen Informationen kann man mit der Strukturierung anfangen.

4.1 Vision

Die Vision definiert wohin das Unternehmen hin will. Aber nur bildlich. Dieser Leitgedanke ist nur sehr schwer erreichbar deshalb gilt er oft eher als Motivation für die Mitarbeiter und Führungskräfte. Die Vision ist üblicherweise ein kurzer Satz welcher sehr einprägsam ist und eine Wirkung auf den Empfänger hat. Die Druckerei sollte mit einem innovativen und modernen Satz, die Aufmerksamkeit auf sich lenken und das Interesse steigern.

Einige Beispiele:
,,3D mal mehr Wissen!" (Österreichische Gesellschaft für 3D Druck, 2022)
,,3D - Druck dein Modell!"
,,Ihr Wunsch bei uns gedruckt!"
,,Sie haben 3D Wünsche frei"

Jeder dieser kurzen Sätze beschreibt etwas visionäres aber recht Unmögliches. Sie wecken das Interesse und die Aufmerksamkeit und können alle Mitarbeiter motivieren.

4.2 Mission

Die Mission baut quasi auf der Vision auf und gemeinsam ergeben Sie eine beschreibende Rolle. Sie beschreibt auch vor allem wie die Vision aufgebaut werden soll. Hier ein Beispiel:

„3D - Druck dein Modell!" – Ob Architekt, Mediziner oder Künstler, wir drucken alles mit unseren innovativen 3D-Druckern. Modelle für Bauvorhaben in der Architektur, medizinische Ersatzteile und Replikats von Gemälden und Kunstwerken. Ihr Wunsch ist unsere Mission.

4.3 Analysen

Um eine adäquate Strategie zu entwickeln müssen vorerst diverse Analysen durchgeführt werden. Durch verschiedenste situationsabhängige Analysen werden wertvolle Informationen und Fakten gesammelt. Diese werden in interne und externe Analysen unterschieden. Nach Durchführung diverser Analysen werden diese in einer SWOT-Matrix zusammengefasst und diese Matrix bildet die Grundlage der Strategie. Für die Druckerei Reiter empfinde ich als wichtigste interne Analysen, die dann durchgeführt werden, die Wertkettenanalyse, die Erfahrungskurvenanalyse, die Zufriedenheitsanalyse und das Mitarbeiter-/Führungs-Assessment.

4.3.1 Wertkettenanalyse

Bei der Druckerei Ritters ergibt die Wertekettenanalyse, dass viel in diverse unterschiedliche 3D- Drucker investiert wird. Der Fokus sollte mehr auf das Marketing gerichtet werden, da dieses auf die Akquisition und Bindung potenzieller Kunden abzielt.

4.3.2 Erfahrungskurvenanalyse

Ing. Engler hatte sich in den letzten zehn Jahren auf vielen verschiedenen Gebieten ausgebreitet. Der Erfahrungskurvenanalyse nach, wäre die Konzentration auf bestimmte Geschäftsfelder profitabler, da durch die ständige Wiederholung der selben Prozesse das Können und Wissen wächst. Gegeben falls wäre dadurch eine konsequente Rationalisierung und somit eine bedeutende Kostensenkung das Ziel.

4.3.3 Kundenzufriedenheitsanalyse

Diese Analyse sollte die Druckerei konstant wiederholen. Diese zeigt nämlich Veränderungen oder sogar abnehmende Kundenzufriedenheit. Der wichtigste Aspekt hierbei ist, dass die Druckerei Ritter im 3D-Bereich noch nicht tiefgründig etabliert ist, und durch diese Analyse auch „Nicht-Kunden" erreicht werden können. Die

Ergebnisse erreichen wir durch Befragungen, Interviews und ähnliches.

4.3.4 Mitarbeiter-/Führungs-Assessment:

Da sich der Hauptschwerpunkt der Druckerei von Printmedien auf den 3D-Druck verlagert ändern sich viele diverse Sachen. Deshalb ist ein Mitarbeiter-/Führungs-Assessment wichtig. Hierbei werden die Mitarbeiter und Führungskräfte geschult, informiert und an die strategische Planänderung gewöhnt.

Externe Analysen sind Einflüsse, die von äußerlichen Faktoren auf das Unternehmen wirken. Wir wenden hierfür die Umfeldanalyse, Stakeholder Analyse, Zielgruppenanalyse und Konkurrenzanalyse durchgeführt.

4.3.5 Umfeldanalyse:

Bei der Umfeldanalyse müsste sich die Druckerei Ritter mit relevanten Entwicklungen für das Unternehmen aus dem externen Umfeld beschäftigen. Hauptmerkmal liegt in der Politik, Wirtschaft, Gesellschaft, und Technik

4.3.6 Stakeholder-Analyse:

Diese Analyse ist für die Druckerei sehr wichtig! Erst durch die komplette Sammlung der Stakeholder-Daten weiß das Unternehmen welche Personen intern und extern einwirken und an diesem sozusagen teilnehmen. Die Druckerei benötigt die Informationen deshalb, da sie so ihre Ansprechpartner, Interessenten oder Investoren besser ansprechen kann.

4.3.7 Zielgruppenanalyse:

Auch die Zielgruppenanalyse ist für die Druckerei immens wichtig. Durch sie gewinnt man ein tieferes Verständnis für die Zielgruppe und deren verschiedene Merkmale. Alle relevanten Inhalte wie Bedürfnisse, Kaufmotive und ähnliches werden hierbei ermittelt. Durch die Zielgruppenanalyse weiß die Druckerei Ritter auf welches Geschäftsfeld sie sich konzentrieren muss und durch dieses speziell für die Kunden zugeschnittenes Angebot wird es Vertrauen zeugen. Resultierend ist der positive Unternehmenserfolg.

4.3.8 Konkurrenzanalyse:

Die Druckerei Ritter ist vermutlich eine der wenigen Firmen die 3D-Druk anbietet, allerdings wächst durch die Digitalisierung die Nachfrage danach stetig. Für die Druckerei ist es von großer Bedeutung seine Konkurrenz im Blickfeld zu haben und deren Stärken und Schwächen zu kennen. An denen kann es sich selber orientieren und die eigene Marktstellung verbessern. (Sutter, o.D.)

4.4 Einzelziele der Strategie

Folgend werden sieben Kernziele der Strategie tabellarisch abgebildet um resultierend aus denen eine Strategie zu wählen. Diese Ziele werden anschließend bildlich als Time-Table dargestellt.

4.4.1 Externe Kommunikation der Produkte / über das Unternehmen

Ziel	Erstellung Online-Kommunikationskanäle; Erfolgreiche und hohe Reichweite der Kommunikationskanäle – dadurch Stärkung des Markenimages
Maßnahmen	Einstellung einer externen Marketing-Agentur; Erstellung eines Marketingplans, Einstellung qualifizierter Person/en
Beteiligte	Ing. Engler, Leiter Marketing
Dauer	4 Monate & laufend

Tabelle 1: 1. Einzelziel[1]

---

[1] Eigene Darstellung.

4.4.2 Kommunikation der strategischen Planung

Ziel	Aufklärung der Führungsebene über Änderungen im Unternehmen; Informationsabgabe an Management; Übergabe von Zielen;
Maßnahmen	Information an gesamte Belegschaft über Änderungen; Vorbereitung des Management-Personal auf einzelne Gespräche mit Mitarbeitern; regelmäßige Meetings (jour-fixe)
Beteiligte	Ing. Engler, gesamtes Führungspersonal
Dauer	1 Monat & laufend

Tabelle 2: 2. Einzelziel [2]

4.4.3 Aufbau Online Vertriebskanäle

Ziel	Online-Shop launchen; Kooperationsbindungen mit anderen Online-Shops festlegen
Maßnahmen	Ergänzung der Offline Aktivitäten, Einstellung eines Webdesigners/Informatikers, Erstellung eines Web-Shops, Design & Promotion
Beteiligte	Leitung Personalabteilung, Leitung Marketing, Leiter 3D Produktion
Dauer	6 Monate

Tabelle 3: 3. Einzelziel[3]

4.4.4 Aufbau Online Kundenservice

Ziel	Bessere Aufklärungsmöglichleiten der Kunden mit Online Service; Einrichtung eines Telefonserviceteams; Ausweitung der Servicemöglichkeiten führen zu höherer Kundenzufriedenheit
Maßnahmen	Einstellung 1-2 neuer Verwaltungsangestellte für Servicebereich; weitläufige Schulung der neuen Mitarbeiter
Beteiligte	Leitung Personalabteilung
Dauer	3 Monate

Tabelle 4: 4. Einzelziel[4]

---

[2] Eigene Darstellung
[3] Eigene Darstellung
[4] Eigene Darstellung

4.4.5 Mitarbeiterqualifizierung

Ziel	Verständnis für Unternehmensumstrukturierung schaffen; qualifiziertere Mitarbeiter; Grundausbildung im 3D-Druckbereich
Maßnahmen	Schulungen organisieren; Aus- und Weiterbildung der gesamten Belegschaft; Grundausbildung im 3D-Druckbereich
Beteiligte	Ing. Engler, Leiter der Personalabteilung
Dauer	5 Monate bis 1 Jahr

Tabelle 5: 5. Einzelziel[5]

4.4.6 Finanzüberwachung

Ziel	Sicherstellung einer stabilen Finanzüberwachung; konkrete Analysen zum Break-Even-Point; Reporting der Ein- und Ausgaben; Kostencontrolling; klare Aufteilung der Buchhaltung; Buchhaltungsteam aufbauen
Maßnahmen	Regelmäßige Reportingmeetings; unterstützende Softwaren anschaffen; Auswahl eines Controlling-Systems; Definierung Kostenstellen; gesamter monatlicher Soll/Ist-Vergleich
Beteiligte	Leiter der Controlling Abteilung; 5 Mitarbeiter
Dauer	1 Jahr

Tabelle 6: 6. Einzelziel[6]

---

[5] Eigene Darstellung
[6] Eigene Darstellung

4.4.7 Auswahl der 3D-Geschäftsfelder

Ziel	3-4 Spezialisierungen; Abschätzung des Interessens seitens Kunden; diverse Endkonsumenten generieren (B2B/B2C)
Maßnahmen	Analyse aktueller Marktsituation; Prognosen der Marktentwicklung erstellen; Geschäftsfelder etablieren;
Beteiligte	Ing. Engler, Leiter Abteilung Marketing, 2 Sachbearbeiter, Marktentwicklungsspezialist (extern)
Dauer	2 Wochen

Tabelle 7: 7.. Einzelziel[7]

4.4.8 Optimierung Abläufe Verwaltung/Produktion

Ziel	Stückkostensenkung; Verbesserung der Prozesse
Maßnahmen	Qualifizierung der Mitarbeiter; Optimierung der Arbeitsprozesse durch Analyse;
Beteiligte	Ing. Engler, 1 Optimierungsberater (extern), 4 Mitarbeiter eigener Abteilungen
Dauer	1 Jahr 7 Monate

Tabelle 8: 8. Einzelziel [8]

4.5 Meilensteinplan

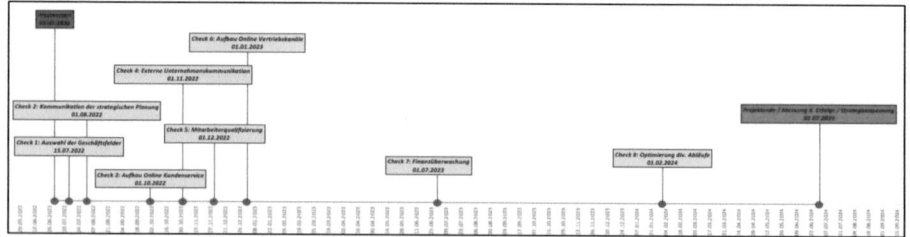

Abbildung 1: Meilenstein Time-Table

[7] Eigene Darstellung
[8] Eigene Darstellung

5 Zusammenfassung der Strategieplanung

Die Druckerei Ritter befindet sich aktuell in einer umstrittenen Situation. Einerseits sind sie eine bekannte und erfolgreiche Print-Druckerei von 2D-Medien. Andererseits kennen sie bereits moderne und innovative Druckmöglichkeiten wie den 3D-Druck. Leider geht der Printmedien-Druck aufgrund diverser Substitutionen wie das Internet oder die Verschiebung des Drucks ins Ausland, da billigere Tarife, immer stärker zurück!

In dieser prekären Lage schlage ich folgende Unternehmensstrategien vor: Die Differenzierung! Die Differenzierung ist oft als Qualitätsführerschaft bekannt. Hauptsächlich wird hier die Abgrenzung zu den Konkurrenten verfolgt. (Klein, o.D.) Durch die hochwertigen und vielzähligen Drucker die das Unternehmen besitzt, ist eine klare Qualitätsabgrenzung möglich. Der 3D-Druck zeigt vielversprechende Wachstumspotenziale welche durch eine konkrete Geschäftsfeldbestimmung stark geprägt wird. Es sind keine großen Substitutionsrisiken erkennbar, da der Einstieg für neue und unerfahrene Unternehmen mit sehr hohen Kosten verbunden ist und mit viel Erfahrung. Somit entfällt hier die ein Teil der Konkurrenz. Bei bestehenden Unternehmen ist die Gefahr ebenso kaum gegeben, da der Markt ein sehr großer ist und es wenige Mitbewerber, genau gesagt 13 laut Firmen ABC (vgl. https://www.firmenabc.at/suchbegriff/3D-Druck, 2022), gibt.

Digitalisierung erleichtert viele Prozesse. Meiner Meinung nach sollte man ein digitales Geschäftsfeld verfolgen. Ob es nun die internen Prozesse betrifft, die man durch verschiedene Softwaren vereinfacht oder das Marketing auf Online-Kanäle verschiebt. Die Prognose zeigt, dass in den nächsten Jahren E-Commerce stark an Bedeutung gewinnen wird. (Schröder, 2005, S.9) So kann man sehr flexibel sein und seine Angebote über verschiedene Möglichkeiten bewerben und dem (potenziellen) Kunden den Weg zum Produkt schmackhaft machen und vor allem auf verschiedene Wege anbieten.

Geschäftsfelder welche sehr profitabel für die Zukunft sein können, sind die Architektur- und Baubranche. Österreich beheimatet ca. 2.500 Architekten und 4.200 Baumeister welche fast alle Modelle brauchen oder brauchen könnten. Diese Baubranche beschäftigt lauter Erfolg strebende Männer und Frauen welche ihre Investoren, Baubeauftragende und Auftraggeber ständig überzeugen möchten. Ein 3D-Modell von einem künftigen Bauvorhaben ist eine gute Idee zur Baupräsentation. Dieser Markt ist zwar ein neuer aber durchaus potenzieller Erfolgskandidat.

Ein weiteres Potenzial findet man im Kunstsektor. Immer mehr Museen verlangen Repliken für die Erstellung von Verkaufsobjekten im Museumshop. Unter anderem entwickelt sich in diesem Bereich ein ganz unerforschter Bereich. Gemälde werden Aufbereitet, welche dann von Blinden ertastet werden können. Diese Methode ist ganz einzigartig. Meiner Einschätzung nach, kann man sich hier langwierige Geschäftsbeziehungen aufbauen und zählt große Institutionen zu seinen Kunden. Unter anderem gibt es auch eine Förderung der Europäischen Union.

Die dritte empfehlenswerte Branche ist die Erstellung von Kunststoffersatzteilen. Viele Unternehmen wie die Automobilindustrie oder Metall- und Maschinenbau besitzen große und sehr teure Maschinen bei welcher die Neuanschaffung einen Mehraufwand und enorme Mehrkosten, bei einem Defekt, erzielen würde, dass dies gar nicht rentabel ist. Diese Unternehmen sind willig, sich durch 3D-Drucker nachgebaute Ersatzteile, die es so gar nicht am Markt gibt, zu besorgen und auch eine entsprechende Summe zu zahlen. Dieser Markt hat vielleicht nicht durchgehend einen enormen Kundenansturm, aber durchaus loyale und wiederkehrende Kunden. Meiner Einschätzung nach ist dieses ein sehr lukrativer Bereich auf den man sich nicht als alleinige Einnahmequelle verlassen sollte aber als zweit oder dritter Geschäftsbereich durchaus eine Option.

Die Finanzierung der Umstrukturierung wird zunächst noch aus den Erträgen des Printbereiches bereitgestellt. Zudem gibt es EU Förderungen welche in Anspruch genommen werden können. Relativ bald, voraussichtlich im zweiten Jahr etablieren sich die ersten reinen Gewinne und das Geschäft des 3D-Drucks wird rentabel.

Der 3D-Druck erwartet weder gesellschaftliche, politische noch ökologische Gegenkraft. Eher genau umgekehrt. Auch sind keine Abhängigkeiten zu erwarten, da je nach Drucker eventuell nur Druckmaterial benötigt wird – mehr nicht. Durch die verschiedenen Geschäftsfelder, öffnet sich ein großes Fenster des Kundenkreises, der B2B und der B2C – Bereich.

Literaturverzeichnis

Andresen, Christian (2009): *Die gesellschaftliche Bedeutung von Printmedien im Internetzeitalter*, 2., Norderstedt, Deutschland: GRIN Verlag.

Grolman, Florian/Günther Grassmann (2021): Strategieentwicklung: Hier das einzige Modell, das Sie jemals brauchen werden!, initio Organisationsberatung, [online] https://organisationsberatung.net/vorgehen-strategieentwicklung-strategieprozess/ [abgerufen am 21.06.2022].

Klein, Rene (o. D.): 3 mögliche Unternehmensstrategien: Kostenführerschaft, Differenzierung oder Nische, Für Gründer - Selbstständig machen? Businessplan, Fördermittel, Beratung, [online] https://www.fuer-gruender.de/wissen/existenzgruendung-planen/unternehmensstrategie/3-strategien/ [abgerufen am 22.06.2022].

Schröder, Frank (2015): *Online-Marketing Grundlagen: Internet-Marketing Basics transparent vermittelt*, Hamburg, Deutschland: Schröder Consulting.

Sutter, Peter (o. D.): Konkurrenzanalyse - Alles was du wissen solltest, sevDesk, [online] https://sevdesk.at/lexikon/konkurrenzanalyse/ [abgerufen am 22.06.2022].

Wingral, Reinhard (2016): Unternehmensstrategie: Definition und Begriffserläuterung für Gründer, franchiseportal.at, [online] https://www.franchiseportal.at/definition/unternehmensstrategie-a-28303 [abgerufen am 20.06.2022].